하얀 쌀을 씻어
　　저녁을 안칩니다

하얀 쌀을 씻어 저녁을 안칩니다

ⓒ 이창건, 2025

지은이_ 이창건

발행인_ 이도훈
펴낸곳_ 파란하늘
초판발행_ 2025년 9월 5일

사무실_ 서울시 서초구 법원로3길 19, 2층 W109호
　　　 (서초동, 양지원빌딩)
전　화_ 02) 595-4621, 010-6722-4621
팩　스_ 050-4227-4621
이메일_ flyhun9@naver.com
홈페이지_ http://dohun.kr

ISBN_ 979-11-94737-36-0　03810
정　가_ 13,000원

하얀 쌀을 씻어
저녁을 안칩니다

이 창 건 시집

파란하늘

시인의 말

끝없는 방황도

여행이었습니다

2025년 가을

차례

1부 그늘을 사랑하는 것은
먼 데서 오는 손님같이 13

해바라기 14

저녁노을 15

어머니, 미안합니다 16

보름달 17

품격 18

아직 20

어머니의 물길은 22

치성 23

향기롭고 슬픈 밥 24

겨울비 25

등나무 26

수선화 27

긍정 28

박성환 29

회복 30

2부 지금 오고 있는 그대를 위해

업 33

혈동리의 봄 1 34

혈동리의 봄 2 35

달과 아빠 36

형태 38

외로움 39

마디 40

이유 41

다시 구석 42

춘천행 43

하얀 쌀을 씻어 저녁을 안칩니다 44

하루도 천년 같고 천년도 하루 같고 45

낙엽만큼 46

항해 48

여행 50

고백 51

3부 애타는 마음들과 슬픈 그리움

    광장시장 55

    일용할 양식 56

    응암동 천변 57

    하지 58

    비결 59

    헤어지지 않은 사람들이 옳았습니다 60

    6월 61

    푸른 하늘 은하수 하얀 쪽배에 62

    개풍반점 63

    참회 64

    숙성 65

    못 66

    어머니 67

    허심 68

    격차 70

    장마 72

4부 서로 다른 인연들

별자리 75

접시 76

빈 어항 77

경계 78

아프지 말고 80

낮잠 82

생기 83

명지산 84

매듭 86

버릇 87

만종 88

코스모스 90

손 92

서로 다른 인연들 93

해설 서정과 감사가 물든 일상 97
박 수 빈 (시인, 문학평론가)

1부

그늘을 사랑하는 것은

먼 데서 오는 손님같이

우리 동네 앞에는 야트막한 동산이 있습니다
할아버지 할머니들이 가끔 보이고
강아지를 산책시키는 아가씨들도 있습니다
나이테가 희미해진 나무 등걸에 앉아
새순이 돋는 나무들을 보고 있습니다
수국사 스님의 말씀이 생각납니다
죽는 것도 사는 것도 하나라고
오고 가는 구름을 보는 것도 좋은 일입니다
먼 데서 오는 손님같이

해바라기

보고 싶어서

보고 싶어서

누구를

오랫동안 바라본 적 있습니다

그리워서

그리워서

누구를

오랫동안 기다려본 적 있습니다

저녁노을

 시간이 많지 않습니다 이 세상 머무는 짧은 그 시간에 서쪽 하늘에 붉은 옷도 지어 입혀야 합니다 하루의 슬픔도 아름답게 물들여야 합니다 뒤로 오는 어둠에게도 길을 내주어 별들이 밤하늘을 초롱초롱 걸어오게 해야 하고 누군가 외롭고 누군가 쓸쓸한 마음에 그리움에 반짝반짝 빛나는 별들을 달아줘야 합니다 내가 슬픔과 외로움과 그늘을 사랑하는 것은 그들에게 내가 한 부분이기 때문입니다

어머니, 미안합니다

 내 신발은 늘 컸습니다 어려운 살림에 때마다 발에 맞는 신발을 신는 것은 어불성설이었습니다 어머니는 세상에서 가장 큰 발자국 남기라고 네 발보다 큰 신발을 사다 준다 그러시지만 내게 가난의 상처를 줄까 봐 걱정이 앞서 그리 말씀하셨습니다 그런데 내 발이 자라 신발에 맞을 때도 세상은 내 발에 맞지 않았습니다 세상의 신발은 언제나 커서 발에서 벗겨지기 일쑤였습니다 지금도 그렇습니다 어머니, 미안합니다

보름달

마음이
사랑만으로 꽉 찬
신부가

발도 고운 신부가

따뜻한
밥 한 그릇
쟁반에 받쳐 들고

눈 속을 걸어옵니다

오래전 시집간
이모 같습니다

품격

시큰둥하게
대답하고 보니

그에게 미안했습니다

그는 내 말을 아주 귀하게
들어주었습니다

밖에는 나뭇잎이 떨어지고 있었습니다

한 번쯤 허투루 들을 만도 한데

그는 나뭇잎의 소근거림도 다 들어주었습니다

그의 이런 태도는 다른 사람에게도

다르지 않았습니다

그는 인간에 대한 예의가 분명했습니다

사람을 귀하게 대접하는 그의 품격은

그야말로 사람이었습니다

아직

바람이 길을 내리라
생각했습니다

흔들리는 숲에 바람의 길이 보였습니다

바람이 길까지 내려와

미루나무는 누군가 오리라 하여
고개를 내밀었다가

파도처럼

머쓱하게 고개를 저었습니다

내가 기다리던 당신은

아직

길을 떠나지 않은 모양입니다

어머니의 물길은

 험했습니다 고비고비 흘렀습니다 그러나 마른 들에 물을 들여 들을 키우며 어두움을 새벽으로 만들고 허망한 것을 진실하게 드러내는 어머니의 물길은 언제나 마르지 않았습니다 그 물길은 벼랑을 만나면 두려웠고 바위에 부딪히면 돌아갔습니다 또한 어머니는 당신의 물길이 부서지고 흩어져도 언제나 줄기를 이뤄 푸름을 향했습니다 세상은 직선이 아니라 굽이굽이 휘어진 강이라고 서로 다른 물길들이 낮이지고 낮아져 배 한 척 띄우는 일이라고 나 어렸을 적 뜰에 심은 봉숭아로 꽃물을 들이시던 어머니의 물길이 예쁘고 고운 때도 있었습니다

치성

 봄 햇살에 피어난 민들레를 보는 것만으로도 좋았습니다 거친 파도를 타고 고기잡이하고 돌아온 아버지 손을 잡고 어머니는 해진 아빠 옷을 기우며 가끔 창을 열어 등대를 바라보셨습니다 아침 바다에 해가 떠오를 때면 어머니는 등대를 향해 두 손을 모으시곤 하셨습니다 내일 아버지께서 오신다고

향기롭고 슬픈 밥

  점심시간에 나는 집으로 오곤 했습니다 외할머니는 먹을 것도 없는데 뭐 하러 오느냐고 하시다가 부엌으로 들어가 찬물 한 그릇을 떠다 주곤 하셨습니다 물도 밥처럼 먹어라 하시곤 돌아 우시던 외할머니 나는 물을 국처럼 마시고 학교 뒷산으로 달려가 아카시 꽃을 한 움큼씩 따서 밥처럼 먹었습니다 향기롭고 슬픈 밥을 몇 날 며칠 목이 메도록 먹고 또 먹었습니다

겨울비

모르는 사람의 일인 줄 알았습니다. 비가 내리다가 그치다가 그치다가 내리다가 그 사이 새들은 날고 싶은 하늘을 날았습니다 날개를 잃은 새는 땅에서 맴을 돕니다 서투른 가을이 그렇게 가고 서투른 겨울이 그렇게 오고 아버지에게는 아무도 없었습니다 나는 눈이 올 것 같다고 말했지만 아버지는 비가 올 것 같다고 말했습니다

등나무

 줄기들이 나무를 감아 꼬아가며 자라 잎을 내고 꽃을 피웁니다 몸은 꼬였어도 마음은 바다입니다 등나무가 지은 그늘 아래서 포도를 먹습니다 포도송이처럼 열리는 보라색 꽃을 바라보며 위에서부터 내려오는 하늘향기도 맡습니다 등藤은 갈葛과 짝을 이루어 갈등을 만듭니다 얽히고설키고 꼬여서라도 그늘을 만들고 향기로운 꽃을 피운다면 기꺼이 등나무가 되겠습니다 오늘은 꼬여도 내일은 풀릴 겁니다

수선화

아파트 입구에 피던 수선화가
올해는 피지 않았습니다
그냥 아무렇지도 않게 생각했으나
꽃 도둑이 들어 수선화를 캐 갔다는 겁니다
CCTV에 찍혀서
경비 아저씨는 그가 누구인지 안다고 하셨는데
말하지 않겠다고 했습니다

긍정

봄이 되니 베란다에서
겨울을 견딘 꽃들이
피기 시작하자
아내가 우리 집은 햇살이 잘 들어
꽃이 잘 피는 거라고
말했습니다
물도 알맞게 주어서 그렇다고 합니다
삶에 대한 오랜 부정 끝에 긍정이 더 아름답습니다

박성환

친구에게 안부 전화가 와서
서로 미안하다고만 말했습니다
서로의 짝이 오래 아픈 걸
서로 알고 있기 때문입니다

회복

지난겨울 호되게 앓았습니다
외로움과 그리움을 앓았습니다
쓸쓸함과 적막함을 앓았습니다

냉이꽃이 피기 시작했습니다
개나리가 피기 시작했습니다
제비꽃이 피기 시작했습니다

2부

지금 오고 있는 그대를 위해

업

 지금까지 내가 살아있는 것은 외할머니 덕분입니다 6.25가 터지고 철원에서 광나루로 피난 와서 두 손으로 나를 받으셨답니다 이듬해 여름 장맛비가 쏟아지는 날 밤 내가 숨을 쉬지 않자 외할머니는 어머니께 네 아들이 죽었다 말씀하시고 담요에 둘둘 말아 천막 머리맡에 두시며 내일 아침 비가 멈추면 공터에 묻자 그러셨답니다 다음 날 아침 외할머니는 담요를 풀어 손을 내 가슴에 대시고 어머니께 이렇게 소리치셨답니다 에미야, 네 아들이 살아있다! 외할머니는 나를 당신의 등에 업어 키우셨고 외할머니는 내 등에 업혀 세상을 떠나셨습니다 업음이 업이 되는 줄 몰랐습니다

혈동리의 봄 1

 슬픈 일도 없는데 눈물이 났습니다 겨울이면 사람의 피도 언다는 혈동리! 봄이 들자 온 숲이 깨어났습니다 피가 돌았습니다 이 세상 한 처음에 돋아난 나무들에게서나 볼 수 있는 순연한 구름들이 피어올랐습니다 티도 티끌도 없는 연둣빛이 처음 나온 기쁨처럼 늦게 나온 설렘처럼 왈칵 밀려왔습니다 나무들이 피워내는 순백의 신비 신생의 거룩한 지경 앞에 나는 아연실색했습니다. 이런 기쁨 태어나서 처음입니다

혈동리의 봄 2

이장님 댁에서 길을 건너면
먹을 만큼만 농사를 지으신다는
서재환 씨 댁인데
소도 두 마리만 키우셨다
늦은 가을 어느 날
경운기에 소똥을 반쯤 싣고 와
손바닥만 한 내 밭에 거름으로 쓰라고
부려놓으셨다
그 이듬해 봄 밭에 심은 채소들은
소똥 냄새를 맡으며 행복해했다

달과 아빠

이건

달개비꽃

저건

달맞이꽃

달

달

달

달

꽃 속에 달이 숨었습니다

보름달일까

반달일까

초승달일까

그믐달일까

해만 바라보고 걷다가

달을 잃어버렸습니다

형태

    그림이 안 나오네 그는 혼자 중얼거렸습니다 구름은 하늘에 그림을 잘 그린다고도 했습니다 잠시 무엇을 생각하는 듯 이번에는 구도가 안 잡히네 라고 말했습니다 그는 할머니를 앞에 두고 한 걸음 물러서서 바라보고는 고개를 돌려 왼쪽 오른쪽 얼굴을 바라보았습니다 앞에서도 마찬가지 행동을 했습니다 보기 좋은 집 한 채 지어드릴게요 그는 가위를 들어 할머니 머리를 자르기 시작했습니다 그 집의 상호는 「형태」였습니다 그는 분명 할머니 머리에 보기 좋은 형태를 가진 현대식 집 한 채 지을 것 같습니다

외로움

 당신에게 처음으로 사랑을 고백한 곳은 강둑입니다 강물 소리에도 당신의 숨소리는 크게 들렸습니다 밤 물결에 달이 흐르고 별들이 퐁당퐁당 조약돌처럼 떨어졌습니다 그날 강둑에는 우리 둘만 있었습니다

마디

    대나무는 몇 년마다 마디가 생기는지 궁금해서 대나무밭 주인에게 물었더니 사람에게 아홉수가 있다고 말했다 십 년이면 강산도 변한다는데 마디 하나쯤은 가져도 되는 게 좋지 않겠냐고도 했다 대나무가 한 해 자라고 숨 한 번 쉬는 게 마디라고 속을 비우느라 성장통을 앓은 흔적이 마디라고 대나무꽃은 마디 백 개 위에 핀다고 돌려 말합니다 살아서 그 꽃을 볼 수나 있을까 생각하니 아홉수 그 마디를 다섯 번은 넘겨야 할 것 같습니다

이유

그렇게
서두를 일도 아닌데

서둘러 갑니다

지금 오고 있는 그대를 위해

나와 마주 보고
따뜻한 밥을 먹을 식탁에

그대의 숟가락과 젓가락을
나란히 놓아주기 위해서입니다

다시 구석

우리 동네 골목 끝 구석에 자주 들릅니다
아프면 아프다고 말해야지
쓸쓸하면 쓸쓸하다고 말해야지
슬프면 슬프다고 말해야지
그런데 그래도 무언가는 말하지 않는 것이 낫다고
어지러운 사연들을 어떻게 다 말하고 사느냐고
구석에 핀 고양이밥이 알려주었습니다

춘천행

 밖에서 보면 세상은 언제나 눈물이고 겨울입니다 곧 봄내가 될 것입니다 바람이 위아래로 앞뒤로 붑니다 소나무는 무슨 이야기를 하길래 언제나 푸를까 단조와 낮은음 자리들이 세상의 곡조를 슬프게 하거나 낮게 깔아 가지도 않습니다 열차는 철길 마디에서 덜컹거립니다 갈 때 보았던 북한강 안개가 돌아올 때는 보이지 않았습니다

하얀 쌀을 씻어 저녁을 안칩니다

외출할 때는 바깥 창문을 다 닫고
나갑니다
갑자기 내리는 소나기가 방으로 들이칠까 봐
그렇게 합니다
이것은 도둑이 들어오리라는 두려움보다는
일상에 대한 염려입니다

집에 돌아오면
하얀 쌀을 씻어 저녁을 안칩니다

병원에서 오는 아픈 아내에게
따뜻한 밥을 지어줘야 하기 때문입니다

하루도 천년 같고 천년도 하루 같고

　어젯밤에는 모기 한 마리가 앵앵거리며 피를 빨아먹고는 어디엔가 숨어버렸습니다 모기도 그러하지만 하루살이나 사람이나 하루도 천년 같고 천년도 하루 같습니다 며칠 전 서울역 뒤 창고 앞 건물 바닥에 노숙자 한 분이 눈을 감고 누워서 하루살이가 귀찮으신지 허공에 팔을 휘휘 저으셨습니다 내가 먹으려고 산 빵을 드리고 싶다고 하니 아무 말씀도 없으셨습니다 남녘에서는 소와 돼지들이 폭우에 휩쓸려 떠내려가고 산사태로 묻힌 여러 사람이 세상을 떠났다는 소식입니다

낙엽만큼

나무에게
새 옷으로
갈아입히려고
봄으로 떠나는

낙엽의 발이
아름답습니다

자기 몸을
밟고 가는
그 누구에게도
미운 마음 하나 없는

낙엽의 눈빛

참 곱습니다

이 가을에
헤어지는 낙엽만큼

마음 빛이 환했으면
좋겠습니다

항해

늘 그래왔듯이

오늘도 내가 닿아야 할 섬을 향해
한 파도 한 파도
헤쳐 갑니다

눈에 보이지 않는
없을 수도 있는

불확실한 미래를 믿으면서

늘 그래왔듯이

그것을 희망이라 말하면서

이 세상에 없는 섬을 찾아갑니다

여행

여행길은 언제나

모르는 길

안 가 본 길을 가는 겁니다

그럼에도 사람들은

나를 반갑게 맞아 길동무처럼

언제나 다정했습니다

내가 여기까지 여행하게 된 것도

다 낯선 사람들 덕분입니다

고백

눈 내리는 날
우리는 낯을 모르는 사이로
남남으로 만났습니다
열차를 타고 버스를 타고
여느 연인들과 다를 것 없이 커피를 마시며
시시한 날들을 만났습니다
월급날에도 시시하게 짜장면을 먹었습니다
아내가 내게 때늦은 고백을 합니다
요즘 들어 그 짜장면만큼 맛있는 짜장면을
먹어보지 못했다고

3부

애타는 마음들과 슬픈 그리움

광장시장

  뜨거운 여름에 불을 곁에 두고 일하는 그대를 만나러 갑니다 수돗물에 소금을 넣고 펄펄 끓인 물에 하얀 살의 옷감을 담아 계절이 바라는 빛깔의 색소로 물들이는 그대는 바다 염색입니다 땀이 물 속에 떨어질까 봐 수건으로 연신 얼굴의 땀을 지웁니다 폭염 속에 제 빛깔의 삶을 물들이는 사람들이 그대뿐이겠냐마는 나는 언제나 여름이면 그대에게 미안합니다 오늘도 어제와 마찬가지로 폭염 경보가 내렸습니다 광장시장에서 냉장 수박 한 통 사서 들고 그대를 만나러 갑니다

일용할 양식

반찬 가게에 들러

깻잎이랑 숙주나물

오징어채 볶음 고사리무침을 사고

마트에 들러

감자랑 달걀 한 판을 사서

맛있는 밥이 되는 시를 생각하며

걸어왔습니다

응암동 천변

이제 하늘을 보는 일도
잦아졌습니다

뜨거운 볕에 나무가 녹아내리지는 않을까

궁시렁거리는 생각들을 데리고
응암동 천변을 걷습니다

벚꽃이 날리면 그 사이로 보이던 파란 하늘

얼마 안 있으면 떠날 것 같은
사람을 두고

하지

 봄을 가을이라 말하는 아내에게 그 중간에 여름이 있다는 걸 설명하려고 하지를 말했습니다 이제 열흘만 있으면 하지가 온다고 하지감자를 캔다고 시간은 날마다 1분씩 늦어지다가 하지가 오면서부터 1분씩 빨리 저녁이 온다고 그래도 아내는 하루가 참 길다고 말합니다 아내에게 하지는 지워진 말입니다. 칡넝쿨이 온 산밭을 덮어 버릴 것 같습니다

비결

　콩나물국밥으로 점심을 먹습니다 장래 희망이 사랑이라는 어느 시인의 시가 가슴을 울립니다 하늘은 흐리고 빗방울들은 유리창에 부딪혀 빗금을 치면서 흘러내립니다 그 모양이 콩나물을 닮았습니다 이 세상 행복해지는 것은 스스로 무엇인가에 뜨거워지는 것이라는 말에 고개를 끄덕입니다 빛이 없는 어둠 속에서 몇 날 며칠 당신이 밤새워 쓴 뜨거운 시 한 편 정독 중입니다

헤어지지 않은 사람들이 옳았습니다

　어디를 가도 떠나지 않는 이름이 있다는 게 지워지지 않는 얼굴이 있다는 게 끊어내지 못하는 연이 있다는 게 아름다운 일이라고 말하는 사람들 덕분에 나에게 왔다가 지나간 부질없던 시간들도 다시 꽃처럼 피어났습니다 돌다리를 건너다가 손을 담근 시원한 물도 어제 물이 아닙니다 그래도 애타는 마음들과 슬픈 그리움과 헤어지지 않은 그 사람들이 옳았습니다

6월

   아침 하늘이 오랜만에 파래 돌아가며 창문을 죄다 열었습니다 그간 좁았던 바람의 길이 조금 더 넓어졌습니다 우리 집은 산 아래 있어 오월이면 아카시꽃 향기가 작은 내를 이룹니다. 우리 이 집 참 잘 산 것 같애 높기는 해도 라고 짝이 말합니다 소리의 길도 열립니다 참새들이 조잘거립니다 먼 데서 까마귀 울음도 희미하게 창문을 넘어옵니다 쿨럭쿨럭 앞집 할아버지 기침 소리가 전과 같지 않습니다

푸른 하늘 은하수 하얀 쪽배에

준희가
이 노래를 부르며
잠을 잡니다

종희도
이 노래를 부르며
잠을 잡니다

엄마 없는 밤

둘이는
이렇게
잠을 잡니다

개풍반점

상중이었습니다

굵은 우동 가락 같은
소나기가 내렸습니다

    그는 지금 어디를 가고 있을까 빗속일까 바람 속일까. 햇살 속일까 어디가 많이 아팠을까 사고였을까 이런 생각을 하다가 외할머니 꿈이 떠올랐습니다 외할머니 상을 마치고 사흘째 되는 밤 외할머니 관 한쪽 끝에서 빠알간 불꽃이 피어 올라갔습니다 외할머니께서 하늘나라로 가셨다고 믿었습니다 그도 외할머니 같은 꿈을 보여주겠지요 그의 아버지가 당신의 고향 이름을 따서 붙였다는 중국집 그의 짜장면을 이곳에서 다시는 먹을 수 없을 것 같습니다

참회

집을 허공에 짓고 말았습니다
살아있는 동안 집을
허영에 짓고 말았습니다
죽음 뒤에는 알 것이 못 되지만
그래도 죽음이 오기 전까지 한 번은
반석에 집을 지어야 할 것 같습니다

숙성

김미희 시인이

메론을 보냈습니다

고마워 전화하니

지금은 맛이 없을 거라고 했습니다

좀 더 놓아두어야 맛이 들 것이라고 했습니다

멜론도 술처럼 숙성이 잘 돼야 달다고 했습니다

선생님! 저 나이 몇인지 아세요?

저도 이제 50이 넘었어요

나는 이 세상을 이기려고만 했다고

그것이 얼마나 어리석은 일이었는지

부끄럽다고 했습니다

못

나는 못이야 태어날 때부터 뾰족해 늘 머리를 맞으면서도 나는 세상 속으로 깊이깊이 들어갔어 어떤 세상은 너무나 단단해 첫걸음도 떼지 못한 채 세상 밖으로 튕겨 나가기도 하고 때때로 허리가 구부러지기도 했지 그럼에도 나는 내가 가야 할 길을 알고 있었으므로 굽은 허리를 펴고 꼿꼿하게 세상을 걸었어 서로 다른 세상이 어긋나지 않게 맞춰지도록 맞춰진 세상이 다시 어긋나지 않도록 나는 보이지 않게 세상 속으로 깊이깊이 들어갔지

어머니

어머니가 병원에 있는 동안

어머니 방에
불을 끄지 않았다

멈춘 시계 몸에
약도 넣어 주었다

어머니 방에서 어머니 목소리가 들렸다

허심

잎 다 떨어진
나무가

노을 너머 흰 눈 비치는
끝자리에 섰습니다

아무도
그 자리에 서려하지 않으나

이 세상이 종말인 듯 생각하는 나무는
기쁘게 그 자리에 섭니다

벼랑일까 바닥일까 염려하는 구름이 들여다봅니다
적막할까 막막할까 달과 별이 내려와 줍니다

눈을 감고 생각해도
며칠 밤낮 생각해도

그 자리는 선한 나무에게
웃어도 좋을 봄의 거울이며

낯빛 낙낙한 가을의 이해가
분명해 보입니다

그 나무는 겨울에도 신호등을 꼭꼭 지키며
횡단보도를 건널 것입니다

격차

오락가락하는 빗줄기에
마루가 굽굽하다

액자에 붙은 먼지를 털어낸다

선풍기를 닦았는데
왜 바람에서 윤기가 날까

이때쯤 비릿한 밤나무 꽃이 핀다

시간이 흘러도
사진에 박힌 빛은
사라지지 않을 거라는 생각 때문에

눈빛과 카메라 렌즈 사이

순간 시간은 멈추고

우리는 사진에 멈춘 그 시간을 아름답다 한다

빛남과 바램

감정과

빛과 시간의 격차가

그때부터 생겼다

장마

청개구리를 울리는 길고 긴
슬픈 이야기

도랑물도 콸콸 눈물을 쏟습니다

마당 한 귀퉁이 화덕에는
감자전을 부쳐내는 기름 냄새도 고소합니다

장마가 그치면 불볕 더위 속에
벼들이 무럭무럭 자랄 것입니다

혼기를 맞은 과일들은
더욱더 붉게 탈 것입니다

4부

서로 다른 인연들

별자리

 별자리에 별이 보이지 않아서 별이가 어제 엄마 보고 오는 길에 하느님께서 별이를 데려가셨다고… 선생님 어깨가 늘썩이지 우리는 모두 울었지 할머니랑 살면서도 반짝반짝 빛나던 별 병아리처럼 노란 옷 입고 다니던 별 별아, 예쁜 발로 가! 하늘에 있는 네 별자리 잘 찾아가! 울지 말고 가 엄마도 만나

접시

 오늘도 접시를 씻습니다 나와 당신을 위해 공양하던 반찬의 받침이었던 그들을 당신 씻기듯 조심스레 목욕을 시킵니다. 식기 세척제 몇 방울 떨어뜨려 행주로 앞뒤를 맑게 씻으니 뽀드득뽀드득 접시에서도 소리가 납니다 접시가 악기가 되는 때도 있군요 접시에 내 얼굴도 들어가 있군요 소리 없는 소리들을 씻고 빛이 없는 빛을 씻습니다 지금 막 비눗기가 남아 있는 손을 씻습니다

빈 어항

무엇을 좀 건졌니?

어릴 적 내에서 어항을 놓아 물고기를 잡을 때
하시던 아버지의 말씀이었다

아버지가 지금 똑같이 물으시면
겸연쩍게 아직도 빈 어항을 보여드릴 수밖에 없습니다

경계

타는 사람보다
내리는 사람이 많으면
여유입니다

내리는 사람보다
타는 사람이 많으면
혼잡입니다

사람들은 여유와 혼잡 그 경계를 오고 갑니다

아픔과 슬픔
적막과 고요
웃음과 눈물

친구가 된 이런 경계

사이사이에

다행히도 닫히는 문이 있고

열리는 문이 있습니다

차창 밖에는

뛰어가는 사람과

기다리는 사람들

이번 버스 정류장에는

타는 사람도

내리는 사람도 없습니다

아프지 말고

그렇게 살면

일이 년이면 몰라도

삼 년은 안 돼

그렇게 살면

일이 주면 몰라도

삼 주는 안 돼

그렇게 살면

하루 이틀은 몰라도

사흘은 안 돼

스님은 길어지는 생 말고

짧아지는 생을 살라고 하셨지

아프지 말고

낮잠

 살금살금 소리 없이 고양이가 소파 위로 올라와 내 곁에 눕습니다 살살 등을 쓰다듬어주니 가르릉 가르릉 잠을 잡니다 나도 고양이와 함께 낮잠을 잤습니다 깨어보니 고양이는 내 잠자리 넓혀 주고 마루로 내려가 잠을 잡니다 내가 깬 줄도 모르고 낮잠을 길게 잡니다

생기

 해뜨기 전부터 시끄러웠습니다 새벽까지 잠을 설친 새들의 잠투정은 이만저만이 아니었습니다 밥맛 없을 때 밑반찬으로 먹으라고 속초 친구가 보내준 창난젓 그것을 담그는 어시장의 아침도 일상처럼 시끄러웠을 것입니다 여기나 거기나 저기나 시끄러움으로 아침을 맞는 것도 아침의 생기려니 합니다

명지산

2년 가까이
속이 다 보이는 냇물을
못 보았습니다

해마다 2월이면
가평 명지산 맑은 내를 찾아

속 것을 다 꺼내놓고
강바람을 쏘였습니다

발이 빨간 버들강아지들이

손을 씻으라 해서
손을 씻었습니다

그곳 사람들은

할 수 있는 일이 없을 때는
함박눈처럼 조용했으며

고구마를 구워 먹으면서도
시커먼 입을 가리지 않고 웃었습니다

매듭

 조기를 손질하려고 조기 두루미의 매듭을 풉니다 서두르니 더 잘 안 풀립니다 매듭 풀기는 어느 것이나 늘 쉽지 않습니다 어제는 일찍 나온 매미 울음소리를 들었고 오늘은 일찍 가을을 맞은 나무를 봅니다 소리의 매듭 빛의 매듭을 일찍 푼 모양입니다 매듭을 푸는 사람은 많고 매듭을 짓는 사람은 적을 것입니다

버릇

잠 잘 때
문을 열어 놓고 잡니다
버릇이 되어 문을 닫고 잘 수가 없습니다
안방에는 아픈 아내가
새우처럼 몸을 웅크리고
잠을 잡니다
잠자는 그 시간이
아내에게는 위로입니다
평화입니다
문은 당신 곁으로 가는 길
잠들 수가 없어 열어 놓고 자던 문이
이제는 저 혼자서도 잘 잡니다

만종

붉은 노을이
아름다운

그런 저녁이면 좋겠습니다

순한 짐승들이 사는 마을

만종에 하루 일을 마치고
감사 기도드리는

그런 저녁이면 좋겠습니다

터널은 빠른 길을 내는 게 아니라
막힌 길을 내는 거라는

하루에도 우리는

몇 번의 어두컴컴한 터널을 지나야 합니다

집을 떠나 멀리 바다로 나갔던 나무들이

세상에 좋은 것들 하나씩 들고

돌아오는

코스모스

가을비가 내립니다

말라버린 기억의 뜰에
물을 줍니다

코스모스가 피어납니다

가을비에 갓 세수한
코스모스가 먼데 하늘처럼 막막합니다

순결한 구석이 있었나
있었습니다

선생님, 지금 어디 계신가요

코스모스 꽃 속으로 숨으신 선생님

눈앞에 핀 코스모스가

선생님이신가요

손

 마을버스를 타고 시장에 가는데 어떤 할머니가 버스에서 내리려고 그러시는지 벨을 누르려 하셨습니다 할머니 손이 닿지 않아 엉거주춤 일어서려고 하셔서 벨을 눌렀습니다 할머니는 말없이 천천히 내리시고는 버스가 떠나려 하자 별처럼 빛나는 눈으로 정확히 내 눈을 바라보고 손을 흔드셨습니다 어떤 손이 기쁨이 되는지 알았습니다

서로 다른 인연들

이 세상에 그냥 되는 것은

하나도 없습니다

당연하게 되는 것도 하니도 없습니다

하늘과 땅이 뜻이 맞아야

채송화가 피고 봉숭아가 핍니다

서로 다른 인연들이

서로 아래로 내려가려 할 때

그것이 이루어집니다

해설

서정과 감사가 물든 일상

박 수 빈 (시인, 문학평론가)

서정과 감사가 물든 일상

박 수 빈 (시인, 문학평론가)

　이창건의 시집 『하얀 쌀을 씻어 저녁을 안칩니다』는 서정의 세계로 충만하다. 감각적인 언어로 독자에게 심미적인 경험을 선사한다. 감정이 표현의 정수(精髓)를 이루어 감동으로 다가온다. 생활을 형상화할 때도 아포리즘으로 개성이 빛난다. 이번 시집에는 그간의 오랜 여정이 담겨 있다. 세월이 흘러 거목이 된 나무처럼 시인은 이제 넉넉한 그늘을 드리우고 있다. 뿌리와 줄기와 잎들이 애쓴 시간이 많다. 수고에 대한 감사는 울려 퍼지는 만종의 분위기와 어울린다. 시편들은 개인의 회고에 그치지 않고 울림을 주며 의미가 있다. 과거가 있었기에 오늘이 있듯 이 결실이 존경스럽다.

"끝없는 방황도 여행이었습니다"라는 '시인의 말'은 곡절 있는 생이 여행으로 대변된다.

또한 깊이 있는 통찰로 사리 판단이 너그러워진다. 가령 「먼 데서 오는 손님같이」에서는 "나이테가 희미해진 나무 등걸에 앉아/ 새순이 돋는 나무들을 보"거나 "오고 가는 구름을 보는 것도 좋은 일"이라면서 관조적이고 여유롭다.

이렇게 사물을 관찰하고 현상을 꿰뚫어 보는 미학은 어디서 비롯하는지 특징을 짚어가 보자.

우선 객관적 상관물이 인격체가 된다. 나무, 별, 달 등의 자연이 소재가 될 때도 생명을 부여하고, 그들의 삶을 애틋하게 바라본다. 대상의 묘미를 활유적으로 포착하여 독자들은 공감하게 된다. 사물을 바라보는 시선이 다정하고 사람 대하듯 말을 건네는데 이것은 세상에 전하는 말이 된다. "보름달"은 "마음이/ 사랑만으로 꽉 찬/ 신부"(「보름달」)가 되고, "미루나무는 누군가 오리라 하여/ 고개를 내밀"(「아직」)며, "별들이 밤하늘을 초롱초롱 걸어" (「저녁노을」)온다.

    시간이 많지 않습니다 이 세상 머무는 짧은

그 시간에 서쪽 하늘에 붉은 옷도 지어 입혀야 합니다 하루의 슬픔도 아름답게 물들여야 합니다 뒤로 오는 어둠에게도 길을 내주어 별들이 밤하늘을 초롱초롱 걸어오게 해야 하고 누군가 외롭고 누군가 쓸쓸한 마음에 그리움에 반짝반짝 빛나는 별들을 달아줘야 합니다 내가 슬픔과 외로움과 그늘을 사랑하는 것은 그들에게 내가 힌 부분이기 때문입니다

-「저녁노을」 전문

　유한한 삶을 "시간이 많지 않습니다"로 언표 한다. 지금을 소중히 여기는 맥락으로 읽힌다. "이 세상 머무는 짧은 그 시간"은 앞 구절의 강조다. 이 시의 포인트는 "서쪽 하늘에 붉은 옷도 지어 입혀야 합니다"로 노을이 사람처럼 옷을 입은 의인화이다. 해가 지는 "서쪽 하늘"은 인생 황혼기를 말하며 "붉은 옷"은 사랑, 생명력, 강렬한 감정이 다 가능한 비유이다. "지어 입혀야"하고 "물들여야" 하고 "걸어오게 해야 하고", "달아줘야" 하는 활동을 볼 때, 노후에도 할 일이 많으며 후회 없는 삶의 다짐이다.

　"내가 슬픔과 외로움과 그늘을 사랑하는 것은 그들

에게 내가 한 부분이기 때문입니다"라는 진술은 "슬픔과 외로움과 그늘"지는 감정들을 인정하는 태도다. "그들에게 내가 한 부분이기 때문입니다"에서도 분리될 수 없는 본질적인 존재로 인식하고 있다. 슬픔이나 외로움도 자신의 정체성을 구성하는 것이다. 이 시에는 서정이 스며든 관록이 묻어난다.

> 줄기들이 나무를 감아 꼬아가며 자라 잎을 내고 꽃을 피웁니다 몸은 꼬였어도 마음은 바다입니다 등나무가 지은 그늘 아래서 포도를 먹습니다 포도송이처럼 열리는 보라색 꽃을 바라보며 위에서부터 내려오는 하늘향기도 맡습니다 등藤은 갈葛과 짝을 이루어 갈등을 만듭니다 얽히고설키고 꼬여서라도 그늘을 만들고 향기로운 꽃을 피운다면 기꺼이 등나무가 되겠습니다 오늘은 꼬여도 내일은 풀릴 겁니다
>
> ―「등나무」 전문

시의 주체인 "등나무"는 강한 생명력과 끈기로 "향기로운 꽃을 피"우려고 한다. "얽히고설키고 꼬여서라도"

즉 힘들지만, "그늘을 만들고 향기로운 꽃을 피운다면 기꺼이 등나무가 되겠"다는 의지를 표명한다. "꽃을 피운다"는 것은 인내의 과정이고 "마음은 바다"이므로 포용한다. 고난 뒤에 높아지는 경지에 이르는 것이다. 칡과 짝이 되어 피어나는 등나무꽃과 "마음은 바다"가 어우러진 지혜를 엿볼 수 있다.

이렇게 너그러운 마음은 수용의식으로부터 온다. 「궁정」에서는 봄이 되자 베란다에서 겨울을 이겨낸 꽃들이 피어난다. "아내가 우리 집은 햇살이 잘 들어/ 꽃이 잘 피는 거라고" 한다. "물도 알맞"았다고 하는 말은 생에 대한 수긍이어서, 어두운 일이 있을지라도 환해진다.

「박성환」에서도 이심전심이다. 친구로부터 안부 전화가 왔는데 "서로의 짝이 오래 아픈걸" 알고 있기 때문에 그저 "서로 미안하다고만 말"하는 장면이 뭉클하다. 여러 말 하지 않아도 처지를 헤아리기 때문이다.

「회복」에는 "지난겨울 호되게 앓"느라 "외로움과 그리움", "쓸쓸함과 적막함"이 동반되었다. 1연에 이어 2연으로 바뀌면서 계절도 건너간다. "냉이꽃이 피기 시작"하고 "개나리가 피기 시작"하고 "제비꽃이 피기 시작"하는 생략과 비약에 큰 깨달음이 있다.

슬픈 일도 없는데 눈물이 났습니다 겨울이면 사람의 피도 언다는 혈동리! 봄이 들자 온 숲이 깨어났습니다 피가 돌았습니다 이 세상 한처음에 돋아난 나무들에게서나 볼 수 있는 순연한 구름들이 피어올랐습니다 티도 티끌도 없는 연둣빛이 처음 나온 기쁨처럼 늦게 나온 설렘처럼 왈칵 밀려왔습니다 나무들이 피워내는 순백의 신비 신생의 거룩한 지경 앞에 나는 아연실색했습니다. 이런 기쁨 태어나서 처음입니다

- 「혈동리의 봄 1」 전문

자연은 경이롭다. "혈동리"는 "겨울이면 사람의 피도 언다"고 한다. 그만큼 추워서 유래된 말이다. 봄이 되면 숲이 깨어나며 사람처럼 피가 돈다며 의인법을 썼다. "나무들에게서나 볼 수 있는 순연한 구름들이 피어올랐습니다"에는 변화와 생성이 장엄하다. 봄 풍경이 생동해서 "연둣빛이 처음 나온 기쁨처럼 늦게 나온 설렘처럼 왈칵 밀려"오며 선연하다.

시인은 현상을 자세히 들여다보며 이치를 터득하고,

성찰한다. 「마디」에서 화자는 "대나무는 몇 년마다 마디가 생기는지 궁금해서 대나무밭 주인에게 물"어 본다. "대나무가 한 해 자라고 숨 한 번 쉬는 게 마디"이고 "속을 비우느라 성장통을 앓은 흔적이 마디"라고 한다.

> 눈 내리는 날
> 우리는 낯을 모르는 사이로
> 남남으로 만났습니다
> 열차를 타고 버스를 타고
> 여느 연인들과 다를 것 없이 커피를 마시며
> 시시한 날들을 만났습니다
> 월급날에도 시시하게 짜장면을 먹었습니다
> 아내가 내게 때늦은 고백을 합니다
> 요즘 들어 그 짜장면만큼 맛있는 짜장면을
> 먹어보지 못했다고
> —「고백」 전문

"열차를 타고 버스를 타고 여느 연인들과 다를 것 없이 커피를 마시며", "월급날에도 시시하게 짜장면을 먹"던 날은 이제 추억이 되었다. 그때 그랬지 하며 고개를 끄덕일 수 있는 사람이 곁에 있어 행복하다. 지금은 아스라이 지나와 잊고 있다가, "그 짜장면만큼 맛있는 짜장면을 먹어보지 못했"다는 고백으로 환기된다. 그때 그 시절로 돌아갈 수 있다면···.

세월은 흘러 빛바랜 사진첩에서나 흔적을 더듬을 수 있는 일들이 있다. 자화상을 마주친 듯이 무릎을 칠 때 있다. 추웠지만, 다정함이 희망이던 시절을 공유하며 훈훈하다. 당시에는 시시해도 지나고 나서 이상한 것은 힘겨울 때마다 이런 옛일이 서정으로 물들어 살아갈 힘을 준다는 사실이다.

> 어디를 가도 떠나지 않는 이름이 있다는 게 지워지지 않는 얼굴이 있다는 게 끊어내지 못하는 연이 있다는 게 아름다운 일이라고 말하는 사람들 덕분에 나에게 왔다가 지나간 부질없던 시간들도 다시 꽃처럼 피어났습니다 돌다리를 건너다가 손을 담근 시원한 물도 어제 물이 아닙니다 그래도 애타는 마음들과 슬픈 그리움과 헤어지지 않은 그 사람들이 옳았습니다
> – 「헤어지지 않은 사람들이 옳았습니다」 전문

이 시는 "끊어내지 못하는 연이 있다는 게"로 승화된다. 덕분에 화자의 의식도 긍정적으로 해석된다. 일반적으로 우리는 예전의 미련을 끊어내야 한다고 생각하지만, 이 시에서는 "애타는 마음들과 슬픈 그리움과 헤어지지 않은 사람들이 옳았"다면서 끌어안는다. 지나간 일들이 현재의 경로가 된다.

"나에게 왔다가 지나간 부질없던 시간들도 다시 꽃처럼 피어났습니다"를 보자. 대체로 "부질없는 시간"은 허비한 시간을 뜻한다. 하지만 옳다고 함에 따라 화자가 덧없게 여겼던 시간이 유의미해진다. "다시 꽃처럼 피어"난 과거는 귀한 경험이며 자양분이다.

    외출할 때는 바깥 창문을 다 닫고
    나갑니다
    갑자기 내리는 소나기가 방으로 들이칠까 봐
    그렇게 합니다
    이것은 도둑이 들어오리라는 두려움보다는
    일상에 대한 염려입니다

    집에 돌아오면

하얀 쌀을 씻어 저녁을 안칩니다

병원에서 오는 아픈 아내에게
따뜻한 밥을 지어줘야 하기 때문입니다
　　　－「하얀 쌀을 씻어 저녁을 안칩니다」 전문

　이 시에서는 "일상에 대한 염려"가 있다. 화자는 집에 돌아오면 저녁 식사를 준비한다. 아픈 아내가 있고 헌신이 있다. "하얀 쌀을 씻어 저녁을 안"치는 행위는 소박하며, 아내를 향한 정성이 느껴진다. "하얀 쌀"의 하얀 색감이 정결하고 "저녁"이라는 밥은 숭고하다. "따듯한 밥"은 단순한 음식이 아니라 화자가 아내를 돌보는 표상이다. 밥상 위엔 음식이 놓인다. 건강하기를 바라며 지켜온 날들도 함께 놓인다. 부부의 행동과 눈빛도 묻어난다. 식구라는 단어의 뜻처럼 밥을 같이 먹으며 정이 흐른다.

　아내를 위한 시는 「버릇」에서도 나타난다. "잠 잘 때/ 문을 열어 놓고" 자는데 그 이유는 "안방에는 아픈 아내가/ 새우처럼 몸을 웅크리고/ 잠을" 자기 때문이다. "문은 당신 곁으로 가는 길"이라는 고백에는 남편의 보살핌이 있다.

「하지」에서 "봄을 가을이라 말하는 아내에게 그 중간에 여름이 있다는 걸 설명하려고 하지를 말했"다는 부분이 나온다. 그러나 "아내에게 하지는 지워진 말"이 되고 만다. "칡넝쿨이 온 산밭을 덮어버릴 것 같"아도 아내를 향한 사랑은 지극하다.

> 나는 못이야 태어날 때부터 뾰족해 늘 머리를 맞으면서도 나는 세상 속으로 깊이깊이 들어갔어 어떤 세상은 너무나 단단해 첫걸음도 떼지 못한 채 세상 밖으로 튕겨 나가기도 하고 때때로 허리가 구부러지기도 했지 그럼에도 나는 내가 가야 할 길을 알고 있었으므로 굽은 허리를 펴고 꼿꼿하게 세상을 걸었어 서로 다른 세상이 어긋나지 않게 맞춰지도록 맞춰진 세상이 다시 어긋나지 않도록 나는 보이지 않게 세상 속으로 깊이깊이 들어갔지
>
> －「못」 전문

시적 화자는 "못"과 동일시되고 있다. "나는 못이야 태어날 때부터 뾰족해"에서 "못"의 본질적인 특성이 제

시된다. "늘 머리를 맞으면서도"는 못은 박히기 위해 망치로 맞는 모습이다. 고통 혹은 외부의 압력이기도 하다. "나는 세상 속으로 깊이깊이 들어갔지"는 나무나 벽 속으로 박히는 묘사이다. 아픔을 감내하며 세상에 뿌리내리고 관계 맺는 것이다.

"깊이깊이"라는 첩어는 물리적인 면에 정신적이고 존재론적인 면까지 확장해 읽을 수 있다. 타고난 자신의 뾰족한 개성으로 인해 통증을 견디느라 얼마나 아팠을지. 자신의 존재성을 찾는 모습이 역설적이다. 못은 외부의 힘으로 박히지만, 그 과정에 단단히 고정되어서 그렇다. "세상 밖으로 튕겨 나가기도 하고 때때로 허리가 구부러지기도"하는 시련을 겪어도 세상에 맞추려고 한다.

이처럼 이창건의 시어는 쉽게 비유하되, 철학적인 사유와 실존에 대해 깊게 파고들고 있다. 「슬퍼하지 마십시오」에서는 "마음에 틈이 생"겨 금이 간다. 그러나 "빗물"이며 "바람"은 틈의 촌철살인 격이다. "민들레가 핍니다"는 도약의 상상력으로 인생론적 혜안에 이른다.

      붉은 노을이
      아름다운

그런 저녁이면 좋겠습니다

순한 짐승들이 사는 마을

만종에 하루 일을 마치고
감사 기도드리는

그런 저녁이면 좋겠습니다

터널은 빠른 길을 내는 게 아니라
막힌 길을 내는 거라는

하루에도 우리는
몇 번의 어두컴컴한 터널을 지나야 합니다

집을 떠나 멀리 바다로 나갔던 나무들이
세상에 좋은 것들 하나씩 들고
돌아오는
-「만종」 전문

저녁 무렵 성당의 종소리처럼 이 시에는 삶에 대한 감사가 전해진다. 일과를 마치고 기도를 드리듯 경건하다. 시인은 강조하려고 "붉은 노을이/ 아름다운" 사이에 행갈이를 했을 것이다. 채색된 분위기가 곱다. "터널은 빠른 길을 내는 게 아니라/ 막힌 길을 내는 거라는" 표현에는 소통의식이 반영되어 있다. "집을 떠나 멀리 바다로 나갔던 나무들"은 시사하는 바가 크다. "바다"를 삶의 현장이라고 보면 "나무"는 체험 주체이다. "세상에 좋은 것들 하나씩 들고"에는 수확의 고마움이 있고 "나무"의 고된 삶이 있다. 저마다 속사정이 있어 일일이 알 수는 없지만 알알이 열매 맺기를 기대해 본다. 고즈넉한 성품에 선한 영향력이 파급되는 시이다.

"순한 짐승들이 사는 마을"은 장삼이사들의 성실한 배경이 된다. "하루에도 우리는/ 몇 번의 어두컴컴한 터널을 지나야" 해서 고비가 있다. 어려운 상황이 와도 좌절하지 말고 미래를 준비하라는 위로의 메시지로 해석해 본다. "터널" 즉 현재의 고통은 통과할 거라는 믿음을 준다. 마지막 부분 "세상에 좋은 것들 하나씩 들고/ 돌아오는"에서 "돌아오는" 앞에 행을 바꾼 걸 보면, 귀가에 방점을 찍으며 감상하게 한다. "집"이 구심점이므로 중요

하다고 본다.

> 이 세상에 그냥 되는 것은
> 하나도 없습니다
> 당연하게 되는 것도 하나도 없습니다
> 하늘과 땅이 뜻이 맞아야
> 채송화가 피고 봉숭아가 핍니다
> 서로 다른 인연들이
> 서로 아래로 내려가려 할 때
> 그것이 이루어집니다
>
> — 「서로 다른 인연들이」 전문

 모든 일은 저절로 이루어지지 않는다. 이 시는 무언가를 이루기 위해서 요소들이 어우러져야 함을 피력한다. "이 세상에 그냥 되는 것은/ 하나도 없습니다"에는 우연히 그냥 얻어지는 것은 없다는 현실적인 인식이 전제된다.

 "하늘과 땅이 뜻이 맞아야/ 채송화가 피고 봉숭아가 핍니다"에서 "하늘"은 이상으로, "땅"은 기반으로 풀어 볼 수 있다. 이상과 현실이 조화로울 때 "채송화"와 "봉숭아"가 핀다. 이처럼 성공을 위해서는 추상이 아니라 구체적이고 현실적인 노력이 따라야 함을 빗대어 표현한다. 특히 "서로 다른 인연들이/ 서로 아래로 내려가려 할 때/ 그것이 이루어집니다"는 부분이 울림을 준다. 서로 다른 인연들은 다양한 사람, 생각 등 이질성의 유비다. "서로 아래로 내려가려 할 때"는 상대를 배려하는 자세다. 성취는 상호작용과 희생으로 이루어진다. 자연의 섭리와 개인의 삶, 나아가 사회의 발전도 연계성 속에서 존중할 때 좋은 결과가 나올 것이다.

「손」에서도 이러한 인식을 공유한다. 마을버스에서 내리려 할 때 "할머니"의 손이 "벨"에 닿지 않자 화자가 대신 눌러드린다. "할머니"는 고마움을 잊지 않고 "별처럼 빛나는 눈으로 정확히 내 눈을 바라보고 손을 흔드"는 교감이 훈훈하다.

살펴본 바와 같이 이창건의 시 세계는 일상이 근간이 된다. 인간에 대한 이해로 실존에 닿는 철학적인 사유를 반영하고 있다. 이 시집에는 그동안의 연륜이 스며있다. 살아온 궤적을 성찰하고 예술적 지향인 위로의 시학을 구현한다. 여기에 만년의 모습이 노을처럼 물들고 있다.